Charles Baudelaire

Poe, Edgar Allan - Sa vie et ses oeuvres

Texte et illustration de couverture : © domaine public
Edition : Culturea (Hérault, 34)
Contact : infos@culturea.fr
Retrouvez notre catalogue sur http://culturea.fr
Imprimé en Allemagne par Books on Demand
Design typographique : Derek Murphy
Layout : Reedsy (https://reedsy.com/)

Dépôt légal : janvier 2023

ISBN : 9791041922338

Table des matières

... Quelque maître malheureux à qui l'inexorable Fatalité a donné une chasse acharnée, toujours plus acharnée, jusqu'à ce que ses chants n'aient plus qu'un unique refrain, jusqu'à ce que les chants funèbres de son Espérance aient adopté ce mélancolique refrain : Jamais ! Jamais plus !

Edgar Poe, Le Corbeau.

Sur son trône d'airain le Destin qui s'en raille
Imbibe leur éponge avec du fiel amer,
Et la Nécessité les tord dans sa tenaille.

Théophile Gautier, Ténèbres.

I

Dans ces derniers temps, un malheureux fut amené devant nos tribunaux, dont le front était illustré d'un rare et singulier tatouage : *Pas de chance !* Il portait ainsi au-dessus de ses yeux l'étiquette de sa vie, comme un livre son titre, et l'interrogatoire prouva que ce bizarre écriteau était cruellement véridique. Il y a dans l'histoire littéraire des destinées analogues, de vraies damnations, – des hommes qui portent le mot *guignon* écrit en caractères mystérieux dans les plis sinueux de leur front. L'Ange aveugle de l'expiation s'est emparé d'eux et les fouette à tour de bras pour l'édification des autres. En vain leur vie montre-t-elle des talents, des vertus, de la grâce ; la Société a pour eux un anathème spécial, et accuse en eux les infirmités que sa persécution leur a données. – Que ne fit pas Hoffmann pour désarmer la destinée, et que n'entreprit pas Balzac pour conjurer la fortune ? – Existe-t-il donc une Providence diabolique qui prépare le malheur dès le berceau, qui jette avec *préméditation* des natures spirituelles et angéliques dans des milieux hostiles, comme des martyrs dans les cirques ? Y a-t-il donc des âmes *sacrées*, vouées à l'autel, condamnées à marcher à la mort et à la gloire à travers leurs propres ruines ? Le cauchemar des *Ténèbres* assiégera-t-il éternellement ces âmes de choix ? – Vainement elles se débattent, vainement elles se forment au monde, à ses prévoyances, à ses ruses ; elles perfectionneront la prudence, boucheront toutes les issues, matelasseront les fenêtres contre les projectiles du hasard ; mais le Diable entrera par une serrure ; une perfection sera le défaut de leur cuirasse, et une qualité superlative le germe de leur damnation.

> *L'aigle, pour le briser, du haut du firmament*
> *Sur leur front découvert lâchera la tortue,*
> *Car ils doivent périr inévitablement.*

Leur destinée est écrite dans toute leur constitution, elle brille d'un éclat sinistre dans leurs regards et dans leurs gestes, elle circule dans leurs artères avec chacun de leurs globules sanguins.

Un écrivain célèbre de notre temps a écrit un livre pour démontrer que le poète ne pouvait trouver une bonne place ni dans une société démocratique ni dans une aristocratique, pas plus dans une république que dans une monarchie absolue ou tempérée. Qui donc a su lui répondre péremptoirement ? J'apporte aujourd'hui une nouvelle légende à l'appui de sa thèse, j'ajoute un saint nouveau au martyrologe ; j'ai à écrire l'histoire d'un de ces illustres malheureux, trop riche de poésie et de passion, qui est venu, après tant d'autres, faire en ce bas monde le rude apprentissage du génie chez les âmes inférieures.

Lamentable tragédie que la vie d'Edgar Poe ! Sa mort, dénouement horrible dont l'horreur est accrue par la trivialité ! – De tous les documents que j'ai lus est résultée pour moi la conviction que les États-Unis ne furent pour Poe qu'une vaste prison qu'il parcourait avec l'agitation fiévreuse d'un être fait pour respirer dans un monde plus aromal, – qu'une grande barbarie éclairée au gaz, – et que sa vie intérieure, spirituelle, de poète ou même d'ivrogne, n'était qu'un effort perpétuel pour échapper à l'influence de cette atmosphère antipathique. Impitoyable dictature que celle de l'opinion dans les sociétés démocratiques ; n'implorez d'elle ni charité, ni indulgence, ni élasticité quelconque dans l'application de ses lois aux cas multiples et complexes de la vie morale. On dirait que de l'amour impie de la liberté est née une tyrannie nouvelle, la tyrannie des bêtes, ou zoocratie, qui par son insensibilité féroce ressemble à l'idole de Jaggernaut. – Un biographe nous dira gravement, – il est bien intentionné, le brave homme, – que Poe, s'il avait voulu régulariser son génie et appliquer ses facultés créatrices d'une manière plus appropriée au sol américain, aurait pu devenir un auteur à argent, *a making money author* ; – un autre, – un naïf cynique, celui-là, – que, quelque beau que soit le génie de Poe, il eût mieux valu pour lui n'avoir que du talent, le talent s'escomptant toujours plus facilement que le génie. Un autre, qui a dirigé des journaux et des revues, un ami du poète, avoue qu'il était difficile de l'employer et qu'on était obligé de le payer moins que d'autres, parce qu'il écrivait dans un style trop au-dessus du vulgaire. *Quelle odeur de magasin !* comme disait Joseph de Maistre.

Quelques-uns ont osé davantage, et, unissant l'inintelligence la plus lourde de son génie à la férocité de l'hypocrisie bourgeoise, l'ont insulté à l'envi ; et, après sa soudaine disparition, ils ont rudement morigéné ce cadavre, – particulièrement M. Rufus Griswold, qui, pour rappeler ici l'expression vengeresse de M. George Graham, a commis alors une immortelle infamie. Poe, éprouvant peut-être le sinistre pressentiment d'une fin subite, avait désigné MM. Griswold et Willis pour mettre ses œuvres en ordre, écrire sa vie, et restaurer sa mémoire. Ce pédagogue-vampire a diffamé longuement son ami dans un énorme article, plat et haineux, juste en tête de l'édition posthume de ses œuvres. – Il n'existe donc pas en Amérique d'ordonnance qui interdise aux chiens l'entrée des cimetières ? – Quant à M. Willis, il a prouvé au contraire que la bienveillance et la décence marchaient toujours avec le véritable esprit, et que la charité envers nos confrères, qui est un devoir moral, était aussi un des commandements du goût.

Causez de Poe avec un Américain, il avouera peut-être son génie, peut-être même s'en montrera-t-il fier ; mais, avec un ton sardonique supérieur qui sent son homme positif, il vous parlera de la vie débraillée du poète, de son haleine alcoolisée qui aurait pris feu à la flamme d'une chandelle, de ses habitudes vagabondes ; il vous dira que c'était un être erratique et hétéroclite, une planète désorbitée, qu'il roulait sans cesse de Baltimore à New York, de New York à Philadelphie, de Philadelphie à Boston, de Boston à Baltimore, de Baltimore à Richmond. Et si, le cœur ému par ces préludes d'une histoire navrante, vous donnez à entendre que l'individu n'est peut-être pas seul coupable et qu'il doit être difficile de penser et d'écrire commodément dans un pays où il y a des millions de souverains, un pays sans capitale à proprement parler, et sans aristocratie, – alors vous verrez ses yeux s'agrandir et jeter des éclairs, la bave du patriotisme souffrant lui monter aux lèvres, et l'Amérique, par sa bouche, lancer des injures à l'Europe, sa vieille mère, et à la philosophie des anciens jours.

Je répète que pour moi la persuasion s'est faite qu'Edgar Poe et sa patrie n'étaient pas de niveau. Les États-Unis sont un pays gigantesque et enfant, naturellement jaloux du vieux continent. Fier de son développement matériel, anormal et presque monstrueux, ce nouveau venu dans l'histoire a une foi naïve dans la toute-puissance de l'industrie ; il est convaincu, comme quelques malheureux parmi nous, qu'elle finira par manger le Diable. Le temps et l'argent ont là-bas une valeur si grande ! L'activité matérielle, exagérée jusqu'aux proportions d'une manie nationale, laisse dans les esprits bien peu de place pour les choses qui ne sont pas de la terre. Poe, qui était de bonne souche, et qui d'ailleurs professait que le grand malheur de son pays était de n'avoir pas d'aristocratie de race, attendu, disait-il, que chez un peuple sans aristocratie le culte du Beau ne peut que se corrompre, s'amoindrir et disparaître, – qui accusait chez ses concitoyens, jusque dans leur luxe emphatique et coûteux, tous les symptômes du mauvais goût caractéristique des parvenus, – qui considérait le Progrès, la grande idée moderne, comme une extase de gobe-mouches, et qui appelait les *perfectionnements* de l'habitacle humain des cicatrices et des abominations rectangulaires, – Poe était là-bas un cerveau singulièrement solitaire. Il ne croyait qu'à l'immuable, à l'éternel, au *self-same*, et il jouissait – cruel privilège dans une société amoureuse d'elle-même, – de ce grand bon sens à la Machiavel qui marche devant le sage, comme une colonne lumineuse, à travers le désert de l'histoire. – Qu'eût-il pensé, qu'eût-il écrit, l'infortuné, s'il avait entendu la théologienne du sentiment supprimer l'Enfer par amitié pour le genre humain, le philosophe du chiffre proposer un système d'assurances, une souscription à un sou par tête pour la suppression de la guerre, – et l'abolition de la peine de mort et de l'orthographe, ces deux folies corrélatives ! – et tant d'autres malades qui écrivent, *l'oreille inclinée au vent,* des fantaisies giratoires aussi flatueuses que l'élément qui les leur dicte ? Si vous ajoutez à cette vision impeccable du vrai, véritable infirmité dans de certaines circonstances, une délicatesse exquise de sens qu'une note fausse torturait, une finesse de goût que tout, excepté l'exacte proportion, révoltait, un amour insatiable du Beau, qui avait pris la puissance d'une passion morbide, vous ne vous étonnerez pas que pour un pareil homme la vie soit devenue un enfer, et qu'il ait mal fini ; vous admirerez qu'il ait pu *durer* aussi longtemps.

II

La famille de Poe était une des plus respectables de Baltimore. Son grand-père maternel avait servi comme *quarter-master-general* dans la guerre de l'Indépendance, et Lafayette l'avait en haute estime et amitié. Celui-ci, lors de son dernier voyage aux États-Unis, voulut voir la veuve du général et lui témoigner sa gratitude pour les services que lui avait rendus son mari. Le bisaïeul avait épousé une fille de l'amiral anglais Mac Bride, qui était allié avec les plus nobles maisons d'Angleterre. David Poe, père d'Edgar et fils du général, s'éprit violemment d'une actrice anglaise, Élisabeth Arnold, célèbre par sa beauté ; il s'enfuit avec elle et l'épousa. Pour mêler plus intimement sa destinée avec la sienne, il se fit comédien et parut avec sa femme sur différents théâtres, dans les principales villes de l'Union. Les deux époux moururent à Richmond, presque en même temps, laissant dans l'abandon et le dénuement le plus complet trois enfants en bas âge, dont Edgar.

Edgar Poe était né à Baltimore, en 1813. — C'est d'après son propre dire que je donne cette date, car il a réclamé contre l'affirmation de Griswold qui place sa naissance en 1811. — Si jamais l'esprit de roman, pour me servir d'une expression de notre poète, a présidé à une naissance, esprit sinistre et orageux ! — certes il présida à la sienne. Poe fut véritablement l'enfant de la passion et de l'aventure. Un riche négociant de la ville, M. Allan, s'éprit de ce joli malheureux que la nature avait doté d'une manière charmante, et, comme il n'avait pas d'enfants, il l'adopta. Celui-ci s'appela donc désormais Edgar Allan Poe. Il fut ainsi élevé dans une belle aisance et dans l'espérance légitime d'une de ces fortunes qui donnent au caractère une superbe certitude. Ses parents adoptifs l'emmenèrent dans un voyage qu'ils firent en Angleterre, en Écosse et en Irlande, et, avant de retourner dans leur pays, ils le laissèrent chez le docteur Brandsby, qui tenait une importante maison d'éducation à Stoke-Newington, près de Londres. — Poe a lui-même, dans *William Wilson*, décrit cette étrange maison bâtie dans le vieux style d'Élisabeth, et les impressions de sa vie d'écolier.

Il revint à Richmond en 1822, et continua ses études en Amérique, sous la direction des meilleurs maîtres de l'endroit. A l'Université de Charlottesville, où il entra en 1825, il se distingua non seulement par une intelligence quasi miraculeuse, mais aussi par une abondance presque sinistre de passions, – une précocité vraiment américaine, – qui, finalement, fut la cause de son expulsion. Il est bon de noter en passant que Poe avait déjà, à Charlottesville, manifesté une aptitude des plus remarquables pour les sciences physiques et mathématiques. Plus tard il en fera un usage fréquent dans ses étranges contes, et en tirera des moyens très inattendus. Mais j'ai des raisons de croire que ce n'est pas à cet ordre de compositions qu'il attachait le plus d'importance, et que, – peut-être même à cause de cette précoce aptitude, – il n'était pas loin de les considérer comme de *faciles* jongleries, comparativement aux ouvrages de pure imagination. – Quelques malheureuses dettes de jeu amenèrent une brouille momentanée entre lui et son père adoptif, et Edgar, – fait des plus curieux, et qui prouve, quoi qu'on ait dit, une dose de chevalerie assez forte dans son impressionnable cerveau, – conçut le projet de se mêler à la guerre des Hellènes et d'aller combattre les Turcs. Il partit donc pour la Grèce. – Que devint-il en Orient, qu'y fit-il, – étudia-t-il les rivages classiques de la Méditerranée, – pourquoi le retrouvons-nous à Saint-Pétersbourg, sans passeport, – compromis, et dans quelle sorte d'affaire, – obligé d'en appeler au ministre américain, Henry Middleton, pour échapper à la pénalité russe et retourner chez lui ? – on l'ignore ; il y a là une lacune que lui seul aurait pu combler. La vie d'Edgar Poe, sa jeunesse, ses aventures en Russie et sa correspondance ont été longtemps annoncées par les journaux américains et n'ont jamais paru.

Revenu en Amérique, en 1829, il manifesta le désir d'entrer à l'école militaire de West Point ; il y fut admis en effet, et là comme ailleurs il donna les signes d'une intelligence admirablement douée, mais indisciplinable, et au bout de quelques mois il fut rayé. – En même temps se passait dans sa famille adoptive un événement qui devait avoir les conséquences les plus graves sur toute sa vie. Madame Allan, pour laquelle il semble avoir éprouvé une affection réellement filiale, mourait, et M. Allan épousait une femme toute jeune. Une querelle domestique prend ici place, – une histoire bizarre et ténébreuse que je ne peux pas raconter, parce qu'elle n'est clairement expliquée par aucun biographe. Il n'y a donc pas lieu de s'étonner qu'il se soit définitivement séparé de M. Allan, et que celui-ci, qui eut des enfants de son second mariage, l'ait complètement frustré de sa succession.

Peu de temps après avoir quitté Richmond, Poe publia un petit volume de poésies ; c'était en vérité une aurore éclatante. Pour qui sait sentir la poésie anglaise, il y a là déjà l'accent extraterrestre, le calme dans la mélancolie, la solennité délicieuse, l'expérience précoce, – j'allais, je crois, dire *expérience innée,* – qui caractérisent les grands poètes.

La misère le fit quelque temps soldat, et il est présumable qu'il se servit des lourds loisirs de la vie de garnison pour préparer les matériaux de ses futures compositions, – compositions étranges qui semblent avoir été créées pour nous démontrer que l'étrangeté est une des parties intégrantes du beau. Rentré dans la vie littéraire, le seul élément où puissent respirer certains êtres déclassés, Poe se mourait dans une misère extrême, quand un hasard heureux le releva. Le propriétaire d'une revue venait de fonder deux prix, l'un pour le meilleur conte, l'autre pour le meilleur poème. Une écriture singulièrement belle attira les yeux de M. Kennedy, qui présidait le comité, et lui donna l'envie d'examiner lui-même les manuscrits. Il se trouva que Poe avait gagné les deux prix ; mais un seul lui fut donné. Le président de la commission fut curieux de voir l'inconnu. L'éditeur du journal lui amena un jeune homme d'une beauté frappante, en guenilles, boutonné jusqu'au menton, et qui avait l'air d'un gentilhomme aussi fier qu'affamé. Kennedy se conduisit bien. Il fit faire à Poe la connaissance d'un M. Thomas White, qui fondait à Richmond le *Southern Literary Messenger.* M. White était un homme d'audace, mais sans aucun talent littéraire ; il lui fallait un aide. Poe se trouva donc tout jeune, – à vingt-deux ans, – directeur d'une revue dont la destinée reposait tout entière sur lui. Cette prospérité, il la créa. Le *Southern Literary Messenger* a reconnu depuis lors que c'était à cet excentrique maudit, à cet ivrogne incorrigible qu'il devait sa clientèle et sa fructueuse notoriété. C'est dans ce magasin que parut pour la première fois l'*Aventure sans pareille d'un certain Hans Pfaall,* et plusieurs autres contes que nos lecteurs verront défiler sous leurs yeux. Pendant près de deux ans, Edgar Poe, avec une ardeur merveilleuse, étonna son public par une série de compositions d'un genre nouveau et par des articles critiques dont la vivacité, la netteté, la sévérité raisonnée étaient bien faites pour attirer les yeux. Ces articles portaient sur des livres de tout genre, et la forte éducation que le jeune homme s'était faite ne le servit pas médiocrement. Il est bon qu'on sache que cette besogne considérable se faisait pour cinq cents dollars, c'est-à-dire deux mille sept cents francs par an. –*Immédiatement,* – dit Griswold, ce qui veut dire : il se croyait donc assez riche, l'imbécile ! – il épousa une jeune fille, belle, charmante, d'une nature aimable et héroïque, mais ne *possédant pas un sou,* – ajoute le même Griswold avec une nuance de dédain. C'était une demoiselle Virginia Clemm, sa cousine.

Malgré les services rendus à son journal, M. White se brouilla avec Poe au bout de deux ans, à peu près. La raison de cette séparation se trouve évidemment dans les accès d'hypocondrie et les crises d'ivrognerie du poète, accidents caractéristiques qui assombrissaient son ciel spirituel, comme ces nuages lugubres qui donnent soudainement au plus romantique paysage un air de mélancolie en apparence irréparable. – Dès lors, nous verrons l'infortuné déplacer sa tente, comme un homme du désert, et transporter ses légers pénates dans les principales villes de l'Union. Partout, il dirigera des revues ou y collaborera d'une manière éclatante. Il répandra avec une éblouissante rapidité des articles critiques, philosophiques, et des contes pleins de magie qui paraissent réunis sous le titre de *Tales of the Grotesque and the Arabesque,* – titre remarquable et intentionnel, car les ornements grotesques et arabesques repoussent la figure humaine, et l'on verra qu'à beaucoup d'égards la littérature de

Poe est extra ou suprahumaine. Nous apprendrons par des notes blessantes et scandaleuses insérées dans les journaux que M. Poe et sa femme se trouvent dangereusement malades à Fordham et dans une absolue misère. Peu de temps après la mort de madame Poe, le poète subit les premières attaques du *delirium tremens.* Une note nouvelle paraît soudainement dans un journal, – celle-là, plus que cruelle, – qui accuse son mépris et son dégoût du monde, et lui fait un de ces procès de tendance, véritables réquisitoires de l'opinion, contre lesquels il eut toujours à se défendre, – une des luttes les plus stérilement fatigantes que je connaisse.

Sans doute il gagnait de l'argent, et ses travaux littéraires pouvaient à peu près le faire vivre. Mais j'ai les preuves qu'il avait sans cesse de dégoûtantes difficultés à surmonter. Il rêva, comme tant d'autres écrivains, une *Revue* à lui, il voulut être *chez lui,* et le fait est qu'il avait suffisamment souffert pour désirer ardemment cet abri définitif pour sa pensée. Pour arriver à ce résultat, pour se procurer une somme d'argent suffisante, il eut recours aux *lectures.* On sait ce que sont ces lectures, – une espèce de spéculation, le Collège de France mis à la disposition de tous les littérateurs, l'auteur ne publiant sa *lecture* qu'après qu'il en a tiré toutes les recettes qu'elle peut rendre. Poe avait déjà donné à New York une *lecture d'Eureka,* son poème cosmogonique, qui avait même soulevé de grosses discussions. Il imagina cette fois de donner des *lectures* dans son pays, dans la Virginie. Il comptait, comme il l'écrivit à Willis, faire une tournée dans l'Ouest et le Sud, et il espérait le concours de ses amis littéraires et de ses anciennes connaissances de collège et de West Point. Il visita donc les principales villes de la Virginie, et Richmond revit celui qu'on y avait connu si jeune, si pauvre, si délabré. Tous ceux qui n'avaient pas vu Poe depuis les jours de son obscurité accoururent en foule pour contempler leur illustre compatriote. Il apparut, beau, élégant, correct comme le génie. Je crois même que depuis quelque temps il avait poussé la condescendance jusqu'à se faire admettre dans une société de tempérance. Il choisit un thème aussi large qu'élevé : *Le Principe de la Poésie,* et il le développa avec cette lucidité qui est un de ses privilèges. Il croyait, en vrai poète qu'il était, que le but de la poésie est de même nature que son principe, et qu'elle ne doit pas avoir en vue autre chose qu'elle-même.

Le bel accueil qu'on lui fit inonda son pauvre cœur d'orgueil et de joie ; il se montrait tellement enchanté qu'il parlait de s'établir définitivement à Richmond et de finir sa vie dans les lieux que son enfance lui avait rendus chers. Cependant il avait affaire à New York, et il partit, le 4 octobre, se plaignant de frissons et de faiblesses. Se sentant toujours assez mal en arrivant à Baltimore, le 6, au soir, il fit porter ses bagages à l'embarcadère d'où il devait se diriger sur Philadelphie, et entra dans une taverne pour y prendre un excitant quelconque. Là, malheureusement, il rencontra de vieilles connaissances et s'attarda. Le lendemain matin, dans les pâles ténèbres du petit jour, un cadavre fut trouvé sur la voie, – est-ce ainsi qu'il faut dire ? – non, un corps vivant encore, mais que la Mort avait déjà marqué de sa royale estampille. Sur ce corps, dont on ignorait le nom, on ne trouva ni papiers ni argent, et on le porta dans un hôpital. C'est là que Poe mourut, le soir même du dimanche, 7 octobre 1849, à l'âge de 37 ans, vaincu par le *delirium tremens,* ce terrible visiteur qui avait déjà hanté son cerveau une ou deux fois. Ainsi disparut de ce monde un des plus grands héros littéraires, l'homme de génie qui avait écrit dans Le chat noir ces mots fatidiques : *Quelle maladie est comparable à l'Alcool !*

Cette mort est presque un suicide, – un suicide préparé depuis longtemps. Du moins, elle en causa le scandale. La clameur fut grande, et la *vertu* donna carrière à son cant emphatique, librement et voluptueusement. Les oraisons funèbres les plus indulgentes ne purent pas ne pas donner place à l'inévitable morale bourgeoise qui n'eut garde de manquer une si admirable occasion. M. Griswold diffama ; M. Willis, sincèrement affligé, fut mieux que convenable. – Hélas ! celui qui avait franchi les hauteurs les plus ardues de l'esthétique et plongé dans les abîmes les moins explorés de l'intellect humain, celui qui, à travers une vie qui ressemble à une tempête sans accalmie, avait trouvé des moyens nouveaux, des procédés inconnus pour étonner l'imagination, pour séduire les esprits assoiffés de Beau, venait de mourir en quelques heures dans un lit d'hôpital, – quelle destinée ! Et tant de grandeur et tant de malheur, pour soulever un tourbillon de phraséologie bourgeoise, pour devenir la pâture et le thème des journalistes vertueux !

Ut declamatio fias !

Ces spectacles ne sont pas nouveaux ; il est rare qu'une sépulture fraîche et illustre ne soit pas un rendez-vous de scandales. D'ailleurs, la Société n'aime pas ces enragés malheureux, et, soit qu'ils troublent ses fêtes, soit qu'elle les considère naïvement comme des remords, elle a incontestablement raison. Qui ne se rappelle les déclamations parisiennes lors de la mort de Balzac, qui cependant mourut correctement ? – Et plus récemment encore, – il y a aujourd'hui, 26 janvier, juste un an, – quand un écrivain d'une honnêteté admirable, d'une haute intelligence, et *qui fut toujours lucide,* alla discrètement, sans déranger personne, – si discrètement que sa discrétion ressemblait à du mépris, – délier son âme dans la rue la plus noire qu'il pût trouver, – quelles dégoûtantes homélies ! – quel assassinat raffiné ! Un journaliste célèbre, à qui Jésus n'enseignera jamais les manières généreuses, trouva l'aventure assez joviale pour la célébrer en un gros calembour. – Parmi l'énumération nombreuse des *droits de l'homme* que la sagesse du XIXe siècle recommence si souvent et si complaisamment, deux assez importants ont été oubliés, qui sont le droit de se contredire et le droit de *s'en aller.* Mais la *Société* regarde celui qui s'en va comme un insolent ; elle châtierait volontiers certaines dépouilles funèbres, comme ce malheureux soldat, atteint de vampirisme, que la vue d'un cadavre exaspérait jusqu'à la fureur. – Et cependant, on peut dire que, sous la pression de certaines circonstances, après un sérieux examen de certaines incompatibilités, avec de fermes croyances à de certains dogmes et métempsycoses, – on peut dire, sans emphase et sans jeu de mots, que le suicide est parfois l'action la plus raisonnable de la vie. – Et ainsi se forme une compagnie de fantômes déjà nombreuse, qui nous hante familièrement, et dont chaque membre vient nous vanter son repos actuel et nous verser ses persuasions.

Avouons toutefois que la lugubre fin de l'auteur d'*Eureka* suscita quelques consolantes exceptions, sans quoi il faudrait désespérer, et la place ne serait plus tenable. M. Willis, comme je l'ai dit, parla honnêtement, et même avec émotion, des bons rapports qu'il avait toujours eus avec Poe. MM. John Neal et George Graham rappelèrent M. Griswold à la pudeur. M. Longfellow, – et celui-ci est d'autant plus méritant que Poe l'avait cruellement maltraité, – sut louer d'une manière digne d'un poète sa haute puissance comme poète et comme prosateur. Un inconnu écrivit que l'Amérique littéraire avait perdu sa plus forte tête.

Mais le cœur brisé, le cœur déchiré, le cœur percé des sept glaives fut celui de madame Clemm. Edgar était à la fois son fils et sa fille. Rude destinée, dit Willis, à qui j'emprunte ces détails, presque mot pour mot, rude destinée que celle qu'elle surveillait et protégeait. Car Edgar Poe était un homme embarrassant ; outre qu'il écrivait avec une fastidieuse difficulté et *dans un style trop au-dessus du niveau intellectuel commun pour qu'on pût le payer cher,* il était toujours plongé dans des embarras d'argent, et souvent lui et sa femme malade manquaient des choses les plus nécessaires à la vie. Un jour Willis vit entrer dans son bureau une femme, vieille, douce, grave. C'était madame Clemm. Elle *cherchait de l'ouvrage* pour son cher Edgar. Le biographe dit qu'il fut singulièrement frappé, non pas seulement de l'éloge parfait, de l'appréciation exacte qu'elle faisait des talents de son fils, mais aussi de tout son être extérieur, – de sa voix douce et triste, de ses manières un peu surannées, mais belles et grandes. Et pendant plusieurs années, ajoute-t-il, nous avons vu cet infatigable serviteur du génie, pauvrement et insuffisamment vêtu, allant de journal en journal pour vendre tantôt un poème, tantôt un article, disant quelquefois qu'*il* était malade, unique explication, unique raison, invariable excuse qu'elle donnait quand son fils se trouvait frappé momentanément d'une de ces stérilités que connaissent les écrivains nerveux, – et ne permettant jamais à ses lèvres de lâcher une syllabe qui pût être interprétée comme un doute, comme un amoindrissement de confiance dans le génie et la volonté de son bien-aimé. Quand sa fille mourut, elle s'attacha au survivant de la désastreuse bataille avec une ardeur maternelle renforcée, elle vécut avec lui, prit soin de lui, le surveillant, le défendant contre la vie et contre lui-même. Certes, – conclut Willis avec une haute et impartiale raison, – si le dévouement de la femme, né avec un premier amour et entretenu par la passion humaine, glorifie et consacre son objet, que ne dit pas en faveur de celui qui l'inspira un dévouement comme celui-ci, pur, désintéressé et saint comme une sentinelle divine ? Les détracteurs de Poe auraient dû en effet remarquer qu'il est des séductions si puissantes qu'elles ne peuvent être que des vertus.

On devine combien terrible fut la nouvelle pour la malheureuse femme. Elle écrivit à Willis une lettre dont voici quelques lignes :

« J'ai appris ce matin la mort de mon bien-aimé Eddie... Pouvez-vous me transmettre quelques détails, quelques circonstances ?... Oh ! n'abandonnez pas votre pauvre amie dans cette amère affliction... Dites à M... de venir me voir ; j'ai à m'acquitter envers lui d'une commission de la part de mon pauvre Eddie... Je n'ai pas besoin de vous prier d'annoncer sa mort, et de parler bien de lui. Je sais que vous le ferez. *Mais dites bien quel fils affectueux il était pour moi*, sa pauvre mère désolée... »

Cette femme m'apparaît grande et plus qu'antique. Frappée d'un coup irréparable, elle ne pense qu'à la réputation de celui qui était tout pour elle, et il ne suffit pas, pour la contenter, qu'on dise qu'il était un génie, il faut qu'on sache qu'il était un homme de devoir et d'affection. Il est évident que cette mère, – flambeau et foyer allumé par un rayon du plus haut ciel, – a été donnée en exemple à nos races trop peu soigneuses du dévouement, de l'héroïsme, et de tout ce qui est plus que le devoir. N'était-ce pas justice d'inscrire au-dessus des ouvrages du poète le nom de celle qui fut le soleil moral de sa vie ? Il embaumera dans sa gloire le nom de la femme qui pansait ses blessures avec sa tendresse, et dont l'image voltigera incessamment au-dessus du martyrologe de la littérature.

III

La vie de Poe, ses mœurs, ses manières, son être physique, tout ce qui constitue l'ensemble de son personnage, nous apparaissent comme quelque chose de ténébreux et de brillant à la fois. Sa personne était singulière, séduisante et, comme ses ouvrages, marquée d'un indéfinissable cachet de mélancolie. Du reste, il était remarquablement bien doué de toute façon. Jeune, il avait montré une rare aptitude pour tous les exercices physiques, et bien qu'il fût petit, avec des pieds et des mains de femme, tout son être portant d'ailleurs ce caractère de délicatesse féminine, il était plus que robuste et capable de merveilleux traits de force. Il a, dans sa jeunesse, gagné un pari de nageur qui dépasse la mesure ordinaire du possible. On dirait que la Nature fait à ceux dont elle veut tirer de grandes choses un tempérament énergique, comme elle donne une puissante vitalité aux arbres qui sont chargés de symboliser le deuil et la douleur. Ces hommes-là, avec des apparences quelquefois chétives, sont taillés en athlètes, bons pour l'orgie et pour le travail, prompts aux excès et capables d'étonnantes sobriétés.

Il est quelques points relatifs à Edgar Poe, sur lesquels il y a accord unanime, par exemple sa haute distinction naturelle, son éloquence et sa beauté, dont, à ce qu'on dit, il tirait un peu vanité. Ses manières, mélange singulier de hauteur avec une douceur exquise, étaient pleines de certitude. Physionomie, démarche, gestes, airs de tête, tout le désignait, surtout dans ses bons jours, comme une créature d'élection. Tout son être respirait une solennité pénétrante. Il était réellement marqué par la nature, comme ces figures de passants qui tirent l'œil de l'observateur et préoccupent sa mémoire. Le pédant et aigre Griswold lui-même avoue que, lorsqu'il alla rendre visite à Poe, et qu'il le trouva pâle et malade encore de la mort et de la maladie de sa femme, il fut frappé outre mesure, non seulement de la perfection de ses manières, mais encore de la physionomie aristocratique, de l'atmosphère parfumée de son appartement, d'ailleurs assez modestement meublé. Griswold ignore que le poète a plus que tous les hommes ce merveilleux privilège attribué à la femme parisienne et à l'espagnole, de savoir se parer avec un rien, et que Poe, amoureux du beau en toutes choses, aurait trouvé l'art de transformer une chaumière en un palais d'une espèce nouvelle. N'a-t-il pas écrit, avec l'esprit le plus original et le plus curieux, des projets de mobiliers, des plans de maisons de campagne, de jardins et de réformes de paysages ?

Il existe une lettre charmante de madame Frances Osgood, qui fut une des amies de Poe, et qui nous donne sur ses mœurs, sur sa personne et sur sa vie de ménage, les plus curieux détails. Cette femme, qui était elle-même un littérateur distingué, nie courageusement tous les vices et toutes les fautes reprochés au poète. « Avec les hommes, – dit-elle à Griswold, – peut-être était-il tel que vous le dépeignez, et comme homme vous pouvez avoir raison. Mais je pose en fait qu'avec les femmes il était tout autre, et que jamais femme n'a pu connaître M. Poe sans éprouver pour lui un profond intérêt. Il ne m'a jamais apparu que comme un modèle d'élégance, de distinction et de générosité...

« La première fois que nous nous vîmes, ce fut à *Astor-House.* Willis m'avait fait passer à table d'hôte *Le Corbeau,* sur lequel l'auteur, me dit-il, désirait connaître mon opinion. La musique mystérieuse et surnaturelle de ce poème étrange me pénétra si intimement que, lorsque j'appris que Poe désirait m'être présenté, j'éprouvai un sentiment singulier et qui ressemblait à de l'effroi. Il parut avec sa belle et orgueilleuse tête, ses yeux sombres qui dardaient une lumière d'élection, une lumière de sentiment et de pensée, avec ses manières qui étaient un mélange intraduisible de hauteur et de suavité, – il me salua, calme, grave, presque froid ; mais sous cette froideur vibrait une sympathie si marquée que je ne pus m'empêcher d'en être profondément impressionnée. A partir de ce moment jusqu'à sa mort, nous fûmes amis... et je sais que dans ses dernières paroles, j'ai eu ma part de souvenir, et qu'il m'a donné, avant que sa raison ne fût culbutée de son trône de souveraine, une preuve suprême de sa fidélité en amitié.

« C'était surtout dans son intérieur, à la fois simple et poétique, que le caractère d'Edgar Poe apparaissait pour moi dans sa plus belle lumière. Folâtre, affectueux, spirituel, tantôt docile et tantôt méchant comme un enfant gâté, il avait toujours, pour sa jeune, douce, et adorée femme et pour tous ceux qui venaient, même au milieu de ses plus fatigantes besognes littéraires, un mot aimable, un sourire bienveillant, des attentions gracieuses et courtoises. Il passait d'interminables heures à son pupitre, sous le portrait de sa *Lenore,* l'aimée et la morte, toujours assidu, toujours résigné et fixant avec son admirable écriture les brillantes fantaisies qui traversaient son étonnant cerveau incessamment en éveil. – Je me rappelle l'avoir vu un matin plus joyeux et plus allègre que de coutume. Virginia, sa douce femme, m'avait priée d'aller les voir et il m'était impossible de résister à ses sollicitations... Je le trouvai travaillant à la série d'articles qu'il a publiés sous le titre : *The Literati of New York.* Voyez, – me dit-il, en déployant avec un rire de triomphe plusieurs petits rouleaux de papier (il écrivait sur des bandes étroites, sans doute pour conformer sa copie à la *justification* des journaux), – je vais vous montrer par la différence des longueurs les divers degrés d'estime que j'ai pour chaque membre de votre gent littéraire. Dans chacun de ces papiers, l'un de vous est peloté et proprement discuté. – Venez ici, Virginia, et aidez-moi ! – Et ils les déroulèrent tous un à un. A la fin, il y en avait un qui semblait interminable. Virginia, tout en riant, reculait jusqu'à un coin de la chambre le tenant par un bout, et son mari vers un autre coin avec l'autre bout. Et quel est l'heureux, – dis-je, – que vous avez jugé digne de cette incommensurable douceur ? – L'entendez-vous ! – s'écria-t-il, – comme si son vaniteux petit cœur ne lui avait pas déjà dit que c'est elle-même !

« Quand je fus obligée de voyager pour ma santé, j'entretins une correspondance régulière avec Poe, obéissant en cela aux vives sollicitations de sa femme, qui croyait que je pouvais obtenir sur lui une influence et un ascendant salutaires... Quant à l'amour et à la confiance qui existaient entre sa femme et lui, et qui étaient pour moi un spectacle délicieux, je n'en saurais parler avec trop de conviction, avec trop de chaleur. Je néglige quelques petits épisodes poétiques dans lesquels le jeta son tempérament romanesque. Je pense qu'elle était la seule femme qu'il ait toujours véritablement aimée... »

Dans les Nouvelles de Poe, il n'y a jamais d'amour. Du moins *Ligeia, Eleonora,* ne sont pas, à proprement parler, des histoires d'amour, l'idée principale sur laquelle pivote l'œuvre étant tout autre. Peut-être croyait-il que la prose n'est pas une langue à la hauteur de ce bizarre et presque intraduisible sentiment ; car ses poésies, en revanche, en sont fortement saturées. La divine passion y apparaît magnifique, étoilée, et toujours voilée d'une irrémédiable mélancolie. Dans ses articles, il parle quelquefois de l'amour, et même comme d'une chose dont le nom fait frémir la plume. Dans *The Domain of Arnheim,* il affirmera que les quatre conditions élémentaires du bonheur sont : la vie en plein air, *l'amour d'une femme,* le détachement de toute ambition et la création d'un Beau nouveau. – Ce qui corrobore l'idée de madame Frances Osgood relativement au respect chevaleresque de Poe pour les femmes, c'est que, malgré son prodigieux talent pour le grotesque et l'horrible, il n'y a pas dans tout son œuvre un seul passage qui ait trait à la lubricité ou même aux jouissances sensuelles. Ses portraits de femmes sont, pour ainsi dire, auréolés ; ils brillent au sein d'une vapeur surnaturelle et sont peints à la manière emphatique d'un adorateur. – Quant aux *petits épisodes romanesques,* y a-t-il lieu de s'étonner qu'un être aussi nerveux, dont la soif du Beau était peut-être le trait principal, ait parfois, avec une ardeur passionnée, cultivé la galanterie, cette fleur volcanique et musquée pour qui le cerveau bouillonnant des poètes est un terrain de prédilection ?

De sa beauté personnelle singulière dont parlent plusieurs biographes, l'esprit peut, je crois, se faire une idée approximative en appelant à son secours toutes les notions vagues, mais cependant caractéristiques, contenues dans le mot : romantique, mot qui sert généralement à rendre les genres de beauté consistant surtout dans l'expression. Poe avait un front vaste, dominateur, où certaines protubérances trahissaient les facultés débordantes qu'elles sont chargées de représenter, –

construction, comparaison, causalité, – et où trônait dans un orgueil calme le sens de l'idéalité, le sens esthétique par excellence. Cependant, malgré ces dons, ou même à cause de ces privilèges exorbitants, cette tête, vue de profil, n'offrait peut-être pas un aspect agréable. Comme dans toutes les choses excessives par un sens, un déficit pouvait résulter de l'abondance, une pauvreté de l'usurpation. Il avait de grands yeux à la fois sombres et pleins de lumière, d'une couleur indécise et ténébreuse, poussée au violet, le nez noble et solide, la bouche fine et triste, quoique légèrement souriante, le teint brun clair, la face généralement pâle, la physionomie un peu distraite et imperceptiblement grimée par une mélancolie habituelle.

Sa conversation était des plus remarquables et essentiellement nourrissante. Il n'était pas ce qu'on appelle un beau parleur, – une chose horrible, – et d'ailleurs sa parole comme sa plume avait horreur du convenu ; mais un vaste savoir, une linguistique puissante, de fortes études, des impressions ramassées dans plusieurs pays faisaient de cette parole un enseignement. Son éloquence, essentiellement poétique, pleine de méthode, et se mouvant toutefois hors de toute méthode connue, un arsenal d'images tirées d'un monde peu fréquenté par la foule des esprits, un art prodigieux à déduire d'une proposition évidente et absolument acceptable des aperçus secrets et nouveaux, à ouvrir d'étonnantes perspectives, et, en un mot, l'art de ravir, de faire penser, de faire rêver, d'arracher les âmes des bourbes de la routine, telles étaient les éblouissantes facultés dont beaucoup de gens ont gardé le souvenir. Mais il arrivait parfois, – on le dit du moins, – que le poète, se complaisant dans un caprice destructeur, rappelait brusquement ses amis à la terre par un cynisme affligeant et démolissait brutalement son œuvre de spiritualité. C'est d'ailleurs une chose à noter, qu'il était fort peu difficile dans le choix de ses auditeurs, et je crois que le lecteur trouvera sans peine dans l'histoire d'autres intelligences grandes et originales, pour qui toute compagnie était bonne. Certains esprits, solitaires au milieu de la foule, et qui se repaissent dans le monologue, n'ont que faire de la délicatesse en matière de public. C'est, en somme, une espèce de fraternité basée sur le mépris.

De cette ivrognerie, – célébrée et reprochée avec une insistance qui pourrait donner à croire que tous les écrivains des États-unis, excepté Poe, sont des anges de sobriété, – il faut cependant en parler. Plusieurs versions sont plausibles, et aucune n'exclut les autres. Avant tout, je suis obligé de remarquer que Willis et madame Osgood affirment qu'une quantité fort minime de vin ou de liqueur suffisait pour perturber complètement son organisation. Il est d'ailleurs facile de supposer qu'un homme aussi réellement solitaire, aussi profondément malheureux, et qui a pu souvent envisager tout le système social comme un paradoxe et une imposture, un homme qui, harcelé par une destinée sans pitié, répétait souvent que la société n'est qu'une cohue de misérables (c'est Griswold qui rapporte cela, aussi scandalisé qu'un homme qui peut penser la même chose, mais qui ne la dira jamais), – il est naturel, dis-je, de supposer que ce poète jeté tout enfant dans les hasards de la vie libre, le cerveau cerclé par un travail âpre et continu, ait cherché parfois une volupté d'oubli dans les bouteilles. Rancunes littéraires, vertiges de l'infini, douleurs de ménage, insultes de la misère, Poe fuyait tout dans le noir de l'ivresse comme dans une tombe préparatoire. Mais quelque bonne que paraisse cette explication, je ne la trouve pas suffisamment large, et je m'en défie à cause de sa déplorable simplicité.

J'apprends qu'il ne buvait pas en gourmand, mais en barbare, avec une activité et une économie de temps tout à fait américaines, comme accomplissant une fonction homicide, comme ayant en lui quelque *chose* à tuer, *a worm that would not die*. On raconte d'ailleurs qu'un jour, au moment de se remarier (les bans étaient publiés, et, comme on le félicitait sur une union qui mettait dans ses mains les plus hautes conditions de bonheur et de bien-être, il avait dit : – Il est possible que vous ayez vu des bans, mais notez bien ceci : je ne me marierai pas), il alla, épouvantablement ivre, scandaliser le voisinage de celle qui devait être sa femme, ayant ainsi recours à son vice pour se débarrasser d'un parjure envers la pauvre morte dont l'image vivait toujours en lui et qu'il avait admirablement chantée dans son *Annabel Lee*. Je considère donc, dans un grand nombre de cas, le fait infiniment précieux de préméditation comme acquis et constaté.

Je lis d'autre part dans un long article du *Southern Literary Messenger* –, cette même revue dont il avait commencé la fortune, – que jamais la pureté, le fini de son style, jamais la netteté de sa pensée, jamais son ardeur au travail ne furent altérés par cette terrible habitude ; que la confection de la plupart de ses excellents morceaux a précédé ou suivi une de ses crises ; qu'après la publication d'*Eureka*, il sacrifia déplorablement à son penchant, et qu'à New York, le matin même où paraissait *Le Corbeau*, pendant que le nom du poète était dans toutes les bouches, il traversait Broadway en trébuchant outrageusement.

Remarquez que les mots : *précédé ou suivi*, impliquent que l'ivresse pouvait servir d'excitant aussi bien que de repos. Or, il est incontestable que – semblables à ces impressions fugitives et frappantes, d'autant plus frappantes dans leurs retours qu'elles sont plus fugitives, qui suivent quelquefois un symptôme extérieur, une espèce d'avertissement comme un son de cloche, une note musicale, ou un parfum oublié, et qui sont elles-mêmes suivies d'un événement semblable à un événement déjà connu et qui occupait la même place dans une chaîne antérieurement révélée, semblables à ces singuliers rêves périodiques qui fréquentent nos sommeils, – il existe dans l'ivresse non seulement des enchaînements de rêves, mais des séries de raisonnements, qui ont besoin, pour se reproduire, du milieu qui leur a donné naissance. Si le lecteur m'a suivi sans répugnance, il a déjà deviné ma conclusion : je crois que dans beaucoup de cas, non pas certainement dans tous, l'ivrognerie de Poe était un moyen mnémonique, une méthode de travail, méthode énergique et mortelle, mais appropriée à sa nature passionnée. Le poète avait appris à boire, comme un littérateur soigneux s'exerce à faire des cahiers de notes. Il ne pouvait résister au désir de retrouver les visions merveilleuses ou effrayantes, les conceptions subtiles qu'il avait rencontrées dans une tempête précédente ; c'étaient de vieilles connaissances qui l'attiraient impérativement, et, pour renouer avec elles, il prenait le chemin le plus dangereux, mais le plus direct. Une partie de ce qui fait aujourd'hui notre jouissance est ce qui l'a tué.

IV

Des ouvrages de ce singulier génie j'ai peu de chose à dire ; le public fera voir ce qu'il en pense. Il me serait difficile, peut-être, mais non pas impossible de débrouiller sa méthode, d'expliquer son procédé, surtout dans la partie de ses œuvres dont le principal effet gît dans une analyse bien ménagée. Je pourrais introduire le lecteur dans les mystères de sa fabrication, m'étendre longuement sur cette portion de génie américain qui le fait se réjouir d'une difficulté vaincue, d'une énigme expliquée, d'un tour de force réussi, – qui le pousse à se jouer avec une volupté enfantine et presque perverse dans le monde des probabilités et des conjectures, et à créer des *canards* auxquels son art subtil a donné une vie vraisemblable. Personne ne niera que Poe ne soit un jongleur merveilleux, et je sais qu'il donnait surtout son estime à une autre partie de ses œuvres. J'ai quelques remarques plus importantes à faire, d'ailleurs très brèves.

Ce n'est pas par ces miracles matériels, qui pourtant ont fait sa renommée, qu'il lui sera donné de conquérir l'admiration des gens qui pensent, c'est par son amour du beau, par sa connaissance des conditions harmoniques de la beauté, par sa poésie profonde et plaintive, ouvragée néanmoins, transparente et correcte comme un bijou de cristal, – par son admirable style, pur et bizarre, – serré comme les mailles d'une armure, – complaisant et minutieux, – et dont la plus légère intention sert à pousser doucement le lecteur vers un but voulu, – et enfin surtout par ce génie tout spécial, par ce tempérament unique qui lui a permis de peindre et d'expliquer, d'une manière impeccable, saisissante, terrible, l'*exception dans l'ordre moral*.– Diderot, pour prendre un exemple entre cent, est un auteur sanguin ; Poe est l'écrivain des nerfs, et même de quelque chose de plus, – et le meilleur que je connaisse.

Chez lui, toute entrée en matière est attirante sans violence, comme un tourbillon. Sa solennité surprend et tient l'esprit en éveil. On sent tout d'abord qu'il s'agit de quelque chose de grave. Et lentement, peu à peu, se déroule une histoire dont tout l'intérêt repose sur une imperceptible déviation de l'intellect, sur une hypothèse audacieuse, sur un dosage imprudent de la Nature dans l'amalgame des facultés. Le lecteur, lié par le vertige, est contraint de suivre l'auteur dans ses entraînantes déductions.

Aucun homme, je le répète, n'a raconté avec plus de magie les *exceptions* de la vie humaine et de la nature ; les ardeurs de curiosité de la convalescence ; – les fins de saisons chargées de splendeurs énervantes, les temps chauds, humides et brumeux, où le vent du sud amollit et détend les nerfs comme les cordes d'un instrument, où les yeux se remplissent de larmes qui ne viennent pas du cœur ; – l'hallucination, laissant d'abord place au doute, bientôt convaincue et raisonneuse comme un livre ; – l'absurde s'installant dans l'intelligence et la gouvernant avec une épouvantable logique ; – l'hystérie usurpant la place de la volonté, la contradiction établie entre les nerfs et l'esprit, et l'homme désaccordé au point d'exprimer la douleur par le rire. Il analyse ce qu'il a de plus fugitif, il soupèse l'impondérable et décrit, avec cette manière minutieuse et scientifique dont les effets sont terribles, tout cet imaginaire qui flotte autour de l'homme nerveux et le conduit à mal.

L'ardeur même avec laquelle il se jette dans le grotesque pour l'amour du grotesque et dans l'horrible pour l'amour de l'horrible me sert à vérifier la sincérité de son œuvre, et l'accord de l'homme avec le poète. – J'ai déjà remarqué que chez plusieurs hommes cette ardeur était souvent le résultat d'une vaste énergie vitale inoccupée, quelquefois d'une opiniâtre chasteté, et aussi d'une profonde sensibilité refoulée. La volupté surnaturelle que l'homme peut éprouver à voir couler son propre sang, les mouvements soudains, violents, inutiles, les grands cris jetés en l'air, sans que l'esprit ait commandé au gosier, sont des phénomènes à ranger dans le même ordre.

Au sein de cette littérature où l'air est raréfié, l'esprit peut éprouver cette vague angoisse, cette peur prompte aux larmes et ce malaise du cœur qui habitent les lieux immenses et singuliers. Mais l'admiration est la plus forte, et d'ailleurs l'art est si grand !

Les fonds et les accessoires y sont appropriés aux sentiments des personnages. Solitude de la nature ou agitation des villes, tout y est décrit nerveusement, et fantastiquement. Comme notre Eugène Delacroix, qui a élevé son art à la hauteur de la grande poésie, Edgar Poe aime à agiter ses figures sur les fonds violâtres et verdâtres où se révèlent la phosphorescence de la pourriture et la senteur de l'orage. La Nature dite inanimée participe de la nature des êtres vivants, et, comme eux, frissonne d'un frisson surnaturel et galvanique. L'espace est approfondi par l'opium ; l'opium y donne un sens magique à toutes les teintes, et fait vibrer tous les bruits avec une plus significative sonorité. Quelquefois des échappées magnifiques, gorgées de lumière et de couleur, s'ouvrent soudainement dans ses paysages, et l'on voit apparaître au fond de leurs horizons des villes orientales et des architectures, vaporisées par la distance, où le soleil jette des pluies d'or.

Les personnages de Poe, ou plutôt le personnage de Poe, l'homme aux facultés suraiguës, l'homme aux nerfs relâchés, l'homme dont la volonté ardente et patiente jette un défi aux difficultés, celui dont le regard est tendu avec la roideur d'une épée sur des objets qui grandissent à mesure qu'il les regarde, — c'est Poe lui-même. — Et ses femmes, toutes lumineuses et malades, mourant de maux bizarres, et parlant avec une voix qui ressemble à une musique, c'est encore lui ; ou du moins, par leurs aspirations étranges, par leur savoir, par leur mélancolie inguérissable, elles participent fortement de la nature de leur créature. Quant à sa femme idéale, à sa Titanide, elle se révèle sous différents portraits éparpillés dans ses poésies trop peu nombreuses, portraits, ou plutôt manières de sentir la beauté, que le tempérament de l'auteur rapproche et confond dans une unité vague mais sensible, et où vit plus délicatement peut-être qu'ailleurs cet amour insatiable du Beau, qui est son grand titre, c'est-à-dire le résumé de ses titres à l'affection et au respect des poètes.

Nous rassemblons sous le titre : *Histoires extraordinaires,* divers contes choisis dans l'œuvre générale de Poe. Cette œuvre se compose d'un nombre considérable de Nouvelles, d'une quantité non moins forte d'articles critiques et d'articles divers, d'un poème philosophique (*Eureka*), de poésies, et d'un roman purement humain (*Le récit d'Arthur Gordon Pym*). Si je trouve encore, comme je l'espère, l'occasion de parler de ce poète, je donnerai l'analyse de ses opinions philosophiques et littéraires, ainsi que généralement des œuvres dont la traduction complète aurait peu de chances de succès auprès d'un public qui préfère de beaucoup l'amusement et l'émotion à la plus importante vérité philosophique.

C. B.